Kirchen auf Rügen und Hiddensee

69 Fotografien von Thomas Helms
mit Texten von Sabine Bock
und einer Einführung von Norbert Buske

Herausgegeben von
Thomas Helms

Edition Temmen

Die Deutsche Bibliothek - CIP-Einheitsaufnahme

Kirchen auf Rügen und Hiddensee / Thomas Helms (Hrsg.)
Mit Texten von Sabine Bock. Mit einer Einf. von Norbert Buske;
Bremen : Ed. Temmen, Bremen 1992
ISBN 3-926958-98-7
NE: Helms, Thomas [Hrsg.]; Bock, Sabine; Buske, Norbert

Hohenlohestr. 21 - 2800 Bremen 1
Tel.: 0421-344280/341727 - Fax 0421-348094

Herstellung: Edition Temmen

ISBN 3-926958-98-7

Inhalt

Geschichtliche Einführung

Die ältesten Spuren einer Besiedlung der Insel reichen mehr als 10.000 Jahre zurück. Sie verdichten sich im Laufe der Jahrtausende und unterstreichen die Bedeutung, die die Insel aufgrund ihrer geographischen Lage als Brückenpfeiler für die Verbindungen nach Skandinavien seit frühesten Zeiten besessen hat.

Rügen gehört zu den reichsten Fundstätten der ur- und frühgeschichtlichen Zeit im Ostseebereich. Die wenigen erhalten gebliebenen Großsteingräber, auf die der Besucher der Insel oft unvermutet stößt - als Beispiel sei das Grab hinter der Kirche in Göhren genannt -, bieten auch dem Unkundigen deutliche Hinweise auf die Geschichtsträchtigkeit des Bodens. Noch Anfang des 19. Jahrhunderts gab es etwa 300 dieser Großsteingräber auf der Insel. An ihnen entzündete sich seit langem das geschichtliche Interesse, anfangs in der Form von Sagen, seit dem 16. Jahrhundert im Rahmen der Geschichtswissenschaften.

Ein wichtiger Einschnitt für die jüngere Zeit ergab sich aus der Abwanderung der Germanen im vierten Jahrhundert unserer Zeitrechnung. In die siedlungsleeren Räume stießen seit dem 6. Jahrhundert slawische Stämme aus dem Südosten Europas vor. Auf der Insel Rügen und dem ihr vorgelagerten Festland entwickelte sich in den folgenden Jahrhunderten der slawische Stammesverband der Ranen, der Rügenslawen.

Es wird vielfach übersehen, daß außer der Insel Rügen auch ein festländischer Teil zu der seit dem 9. Jahrhundert faßbar werdenden politischen Region "Rügen" gehörte. Der Stammesverband der Ranen schob sich wie ein Keil östlich von Recknitz und Trebel fast bis Demmin vor. Die Nachbarn der Ranen im Westen waren der Stammesverband der Obodriten, aus dem sich das mecklenburgische Herzogtum entwickelte, und im Süden der Stammesverband der Wilzen, die man später als Lutizen bezeichnete.

Erste Berührungen der Ranen mit dem Christentum ergaben sich aus den fränkisch sächsischen Vorstößen, die um 800 bis in das Gebiet von Demmin führten. Die weiteren Kriegszüge betrafen den Siedlungsraum der Ranen nicht. Erst als die sächsisch deutschen Vorstößen im 10. Jahrhundert wiederum das Peenegebiet erreichten, kam es zu erneuten

Kontakten. In der Schlacht an der Recknitz (Raxa) besiegte 955 Kaiser Otto I. die Obodriten, kämpfte gegen die Wilzen, vermied jedoch eine Auseinandersetzung mit den Ranen. Stattdessen werden Ranen als landeskundige Führer auf der Seite Ottos genannt.
Einen dauerhaften Erfolg brachten allerdings auch diese Kriegszüge den von Westen vorstoßenden Eroberern noch nicht. Die Slawen setzten sich immer wieder erfolgreich zur Wehr. Schließlich unterbrach der große Slawenaufstand im Jahr 983 für anderthalb Jahrhunderte die sächsisch deutschen Bemühungen, die slawischen Stammesverbände zu unterwerfen und im Rahmen der Grenzmarken als Teil des Heiligen Römischen Reichs Deutscher Nation zu organisieren.
Da sich die Eingliederung der Slawen in den Bereich der christlichen Staaten über mehrere Jahrhunderte hinzog, konnten die slawischen Stammesverbände in ihrem immer erbitterter geführten Abwehrkampf eigene feudalstaatliche Strukturen herausbilden, die den christlichen Fürstentümern in deren Frühstadium vergleichbar waren.
Die Ranen, im Süden von den Wilzen gut abgeschirmt, schritten von allen slawischen Stammensverbänden am weitesten in eigenständiger Entwicklung voran und vermochten ihre Unabhängigkeit bis zur Mitte des 12. Jahrhunderts zu behaupten. Sie waren die letzten, die sich dem Christentum beugten. Das ist der Grund dafür, daß auf Rügen auch nach der dänischen Eroberung noch lange slawischen Elemente in vielen Lebensbereichen erhalten blieben. Die letzte slawisch - oder wie man später sagte: wendisch sprechende Frau auf der Insel starb im Jahr 1404.
Im 11. und 12. Jahrhundert erlebten die Ranen den Höhepunkt ihres wirtschaftlichen und politischen Einflusses. Die Ostsee bot sich ihnen als Handlungs- und Entfaltungsraum dar. Das mußte zum Konflikt mit den ihren Machtbereich in jener Zeit beträchtlich ausweitenden Dänen führen. Den Ranen gelang es jedoch sich im Spannungsfeld von Piratentum und Handel als Mitbeherrscher der südlichen Ostsee durchzusetzen. Die Schiffe, die sie bauten - einige konnten in Ralswiek ausgegraben werden - waren keineswegs weniger seetüchtig als die Schiffe der dänischen Wikinger. Die Ranen werden deshalb gelegentlich auch als slawische Wikinger bezeichnet.
Die Ranen waren umworbene Bundesgenossen und gefürchtete Konkurrenten. Auf ihren Fahrten über die Ostsee gewannen sie vielfältige

Kontakte zu den christlichen Staaten. Sie kämpften, wenn es sich so ergab, auch auf Seiten der Dänen und leisteten 1146 dem dänischen Bischof Absalom Flottenhilfe gegen die Obodriten und Pommern, ihre heidnischen, slawischen Brüder. Die Gabe, mit der der Dänenkönig Sven als christlicher Fürst um ranische Unterstützung bei den innerdänischen Auseinandersetzungen warb, wurde als Weihegeschenk dem Tempelschatz in Arkona zugewiesen. Rügenfürsten nahmen 1163, obgleich sie damals noch nicht getauft waren, an der Domeinweihung in Lübeck teil. Es verwundert deshalb nicht, wenn sich manches der Religion der Rügenslawen - soweit wir es erkennen und bewerten können - als Parallelbildungen erweist und in der Abwehr gegen das Christentum ausgeformt wurde. Genannt seien hier der reiche, den Tempeln zugeordnete Grundbesitz und eine der Steuer vergleichbaren Abgabe, die jeder einzelne an den Tempel seines Bezirks zu entrichten hatte.

Zur ständigen Konkurrenz und Bedrohung aus dem Norden gesellte sich seit dem ersten Viertel des 12. Jahrhunderts eine weitere Gefahr. Sie ergab sich aus den erneuten Vorstößen unter dem Sachsenherrscher Lothar von Supplinburg. Nun wurden die Ranen vom Süden und vom Norden über die See in die Zange genommen.

Zunächst vollendete sich das Schicksal ihrer südlichen Nachbarn. Um 1120 war der lutizische Stammesverband von Lothar endgültig zerschlagen worden. Die Zerstörung des Tempelheiligtums Rethra hatte den Zusammenbruch besiegelt. Trotzdem kam es zu keiner Eingliederung des Peenegebiets in das sächsische Herzogtum. Lothars Aufmerksamkeit wurde durch seine Wahl zum deutschen König 1125 auf Angelegenheiten des Reichs gerichtet. Es entstand ein Machtvakuum, in das von Osten her der Pommernfürst Wartislaw vorstieß.

Wartislaw eroberte das Peenegebiet und sicherte seine Herrschaft, indem er mit Hilfe des Bischofs Otto von Bamberg 1128 auch seine neu erworbenen Gebiete christianisierte. So wurden die Pommernfürsten zum neuen festländischen Nachbarn der Ranen.

Nachdem die südliche Flanke der Ranen ungedeckt blieb, war es nur noch eine Frage der Zeit, daß sich auch die Ranen dem Sachsenherzog und dem Dänenkönig unterwerfen mußten. Das Ziel der Feldzüge gegen die Ranen war die Tempelfestung Arkona, die sich inzwischen als das bedeutendsten ranische Heiligtum herausgebildet hatte. Sie war zum

Schlüssel für die Eroberung Rügens geworden. Auf der nördlichsten Spitze der Insel gelegen, bot sie meerseitig durch die schroff abfallende Steilküste Eroberern keinen Angriffspunkt. Ein hoher Erdwall mit aufgesetzter Palisadenwand sicherte die Festung von der Landseite her.
Noch einige Zeit vermochten sich die Ranen, indem sie Dänen und Sachsen gegeneinander ausspielten, zu behaupten. Als sich jedoch Heinrich der Löwe mit Waldemar I. über einen gemeinsamen Kriegszug für das Jahr 1168 verständigten, war das Ende der ranischen Selbständigkeit gekommen. Während die mecklenburgischen und die pommerschen Fürsten, die kurz zuvor Vasallen Heinrichs geworden waren, von Süden heranrückten, landete Waldemar, der von seinem militärisch gut geschulten Bischof Absalom von Roskilde begleitet wurde, bei Schaprode, marschierte nach Arkona und eroberte die Festung. Der Tempel wurde zerstört. Soldaten stürzten das hölzerne Götterbild des Swantewit vom Sockel, schleppten es in ihr Lager, zerhackten es und verfeuerten die Scheite unter den Kochkesseln.
Im Anschluß an die Eroberung Arkonas segelte die Flotte entlang der Ostküste Rügens nach Garz zu einem weiteren wichtigen, festungsgemäß ausgebauten Tempelkomplex. Der mächtige Burgwall blieb in wesentlichen Teilen erhalten und beeindruckt auch heute noch den Besucher.
In Garz wurde Waldemar von den ranischen Fürsten, die sich bei der Verteidigung Arkonas zurückgehalten hatten, erwartet. Es kam zu Übergabeverhandlungen, in deren Ergebnis die ranischen Fürsten mit ihrem Volk das Christentum annahmen, die Oberhoheit des dänischen Königs anerkannten und daraufhin vom dänischen König ihre Herrschaft als Fürstentum Rügen zum Lehen erhielten. Die pommerschen Fürsten, die sich selbst Hoffnungen auf eine Belehnung mit Rügen gemacht hatten, verließen enttäuscht und unwillig den Heerzug.
Nach diesen Übergabeverhandlungen wandelte sich der Feldzug zu einer Inspektion und Inbesitznahmen der Insel. Bischof Absalom weihte eine Reihe von Friedhöfen und veranlaßte, daß mit dem Bau von Kirchen begonnen wurde. Alle Versuche, die auf Absalom zurückgehenden Kirchen zu benennen, bleiben allerdings im Bereich der Wahrscheinlichkeiten und Vermutungen.
Aus dem raschen Fall der Tempelfestung Arkona und der sofortigen

Verhandlungsbereitschaft der ranischen Fürsten gewinnt man den Eindruck, daß es zwischen dem dänischen König und den politischen Führern der Ranen Interessen gab, die sich miteinander verbinden ließen. Zwar mußten die ranischen Fürsten die dänische Lehnshoheit anerkennen, doch vermochten sie sich nun, gestützt auf die Kirche, gegenüber ihrer slawischen Priesterschaft als die wirklichen Herrscher durchzusetzen. Sie konnten ihr Land zu einem abendländischen Territorialstaat ausbauen und waren damit den Herrschern in den benachbarten Staaten gleichgestellt.

Kirchlich wurde die Insel Rügen dem dänischen Bistum Roskilde unterstellt. Der festländische Teil des rügischen Fürstentums fiel dem Bistum Schwerin zu. Die kirchliche Aufgliederung des Fürstentums blieb jedoch für die weitere Entwicklung dieses Gebiets von untergeordneter Bedeutung.

Der von Absalom getaufte, seit etwa 1170 allein regierende Rügenfürst Jaromar I. setzte mit harter Hand die Christianisierung seines Landes durch. Die spätere Geschichtsschreibung bezeichnete ihn als den eigentlichen Missionar der Ranen und nannte ihn den "Apostel Rügens". In dem vom Volksmund als Mönchsstein bezeichneten slawischen Bildstein, der außen in die Westwand der Bergener Marienkirche eingemauert ist, haben wir mit hoher Wahrscheinlichkeit den Grabstein Jaromars zu erkennen.

Schon wenige Jahrzehnte nach der Eroberung Rügens war die im Unterschied zum Festland sehr dicht besiedelte Insel mit einem zunächst noch grobmaschigem Netz von Kirchspielen überzogen. Die Kirchspielgliederung lehnte sich an die bereits bestehende slawische Einteilung der Insel in "terrae" (Länder) an. Als früheste, heute nicht mehr vorhandene Kirchen sind die Kirche auf dem Rugard bei Bergen, der Hauptresidenz Jaromars, und die Kirchen in oder unmittelbar bei den Tempelburgen von Garz und Arkona zu nennen.

Ende des 12. Jahrhunderts begann Jaromar in der Nähe seiner Fürstenburg als Zeichen seiner Machtfülle und seines Selbstbewußtseins mit dem Bau einer Palastkirche. Dem dänischen Lehnsherrn mußte jedoch ein solcher augenfälliger Ausdruck der Machtentfaltung seines Vasallen unangemessen erschienen sein. Jaromar wich aus, stiftete 1193 ein Nonnenkloster und überwies ihm die in Teilen bereits fertiggestellte

Kirche. Sie wurde zur Kloster- später zugleich zur Pfarrkirche für Bergen, einer sich rasch zum Marktflecken entwickelnden, jedoch erst im 17. Jahrhundert zur Stadt erhobenen Siedlung.
Ein anderer, in Teilen aus der Zeit um 1200 erhaltengebliebener Kirchenbau steht in Altenkirchen auf Wittow. Die Errichtung dieser Kirche geht auf das Geschlecht des zweiten aus der Frühzeit bekannten ranischen Fürsten, den in alten Chroniken auch als "König der Ranen" bezeichneten Tezlaw zurück. Er war, nachdem sich Jaromar als Alleinherrscher durchgesetzt hatte, mit der Halbinsel Wittow abgefunden worden. In dem sogenannten Swantevit-Stein, dem slawischen Bildstein, der in die Westwand der kleinen, südlichen Vorhalle eingemauert wurde, haben wir wahrscheinlich den Grabstein Tezlaws zu erkennen. Erst als die geschichtlich Interessierten Anfang des 16. Jahrhunderts nach alten Zeugnissen aus der Slawenzeit suchten, deutete man diesen Stein als Bild des auf Arkona verehrten slawischen Gottes Swantevit.
In die Zeit um 1200 gehören auch die ältesten Teile der Kirchen in Schaprode, dem damals wichtigsten Hafen an der Westküste Rügens. Schaprode war nach der Eroberung Rügens einem Dänen als Lehen zugewiesen worden. Aus der Verbindung Rügens mit Dänemark ergab es sich, daß vereinzelt dänische Adlige nach Rügen kamen und Besitz erwarben. Andererseits kamen aber auch slawische Adlige vor allem nach Lolland, eine der südlichen Inseln Dänemarks, und errichteten dort ihre Siedlungen.
Als weitere Kirche mit Bauteilen aus der Zeit um 1200 ist auf die Kirche in Sagard auf der Halbinsel Jasmund zu verweisen. Außer Sagard sind für Jasmund urkundlich noch zwei weitere Kirchen seit 1215 bezeugt, die Kirche in Jasmund, von der nichts erhalten blieb, und die Kirche in Bobbin, deren Nachfolgebau einen großartigen Blickpunkt für jenen Teil der Insel bietet.
Noch in die erste Hälfte des 13. Jahrhunderts gehört ferner die Gründung der Kirche in Vilmnitz, die Hof- und Grabkirche einer Seitenlinie der rügischen Fürsten, die als Putbusser Linie bis ins 19. Jahrhundert eine hervorgehobene Rolle nicht nur auf der Insel Rügen, sondern im ganzen nördlichen Vorpommern spielte. Ihre Burgkapelle in Putbus wird seit 1310 urkundlich genannt.
Auch die Kirchengründungen in Lancken-Granitz, Rambin, Gingst und

sicherlich auch in Wiek, Rappin, Patzig, Kassnevitz, Zirkow, Poseritz, Zudar und Swantow gehören noch ins 13. Jahrhundert. Anfang des 14. Jahrhunderts kam die Kirchspielgliederung auf Rügen im wesentlichen zum Abschluß. Am Ende dieser Entwicklung war die Insel in 28 Kirchspiele eingeteilt. Die Kirchengründungen im festländischen Rügen müssen in diesem Zusammenhang unberücksichtigt bleiben.

Der Vertreter des Roskilder Bischofs für Rügen hatte seinen Sitz in Ralswiek. Dieser bedeutende slawische Handelsplatz gehörte angeblich zum Besitz des Tempels in Arkona und war mit den dazugehörenden Ländereien nach der Eroberung der Insel dem Roskilder Bischof als Tafelgut zugesprochen worden. Es gibt Hinweise auf ein altes Propsteigebäude in Ralswiek. Bis ins 19. Jahrhundert war Ralswiek jener Hafen, von dem man über den großen Jasmunder Bodden nach Jasmund hinüber fuhr.

Neben dem bereits von Jaromar gestifteten Nonnenkloster in Bergen gewann noch ein zweites Kloster Einfluß auf einem Teil der Insel, das Kloster Eldena bei Greifswald. In der Mitte des 13. und in der ersten Hälfte des 14. Jahrhunderts konnten die Mönche den südöstlichen Streifen Rügens, der deshalb später Mönchgut genannt wurde, erwerben. Zu diesem Gebiet gehören die Kirchen in Groß Zicker und Middelhagen.

Als drittes Kloster ist das 1296 errichtete Kloster auf der Rügen westlich vorgelagerten kleinen Insel Hiddensee zu nennen. Es wurde vom Kloster Neuenkamp (Franzburg) gegründet. Das Neuenkamper Kloster war mit großem Landbesitz ausgestatteten worden und führend am mittelalterlichen Getreideexport beteiligt. Diesem Zweck diente bereits der in Stralsund errichtete Campische Hof. Mit ihrer Tochtergründung auf Hiddensee sicherten die Mönche von Neuenkamp die westliche Schiffspassage nach Stralsund.

Zu den Aufgaben des Hiddenseer Klosters gehörte es, sich der Schiffbrüchigen anzunehmen. Bereits 1302 ließen die Mönche auf dem Gellen, der Südspitze Hiddensees, eine Kirche errichten, der ein Leuchtturm angefügt wurde. Der Gellen war spätestens seit 1240 Stapelplatz und Vorhafen von Stralsund. Nennenswerte Reste blieben allerdings weder von der Klosterkirche noch von dem Leuchtturm auf dem Gellen erhalten.

Anfang des 14. Jahrhunderts entstand in der Folge großer Sturmfluten das sogenannte “Neue Tief” mit dem sich zusätzlich zur westlichen Schiffpassage nach Stralsund eine bequeme östliche Zufahrt durch den Greifswalder Bodden ergab. Auf der kleinen im Greifswalder Bodden gegenüber von Putbus gelegenen Insel Vilm wurde vor 1336 eine Kapelle errichtet. Diese Kapelle hatte für die östliche Schiffspassage ähnliche Aufgaben zu übernehmen wie die Gellenkirche auf Hiddensee. Es waren kranke Schiffer zu pflegen und falls sie starben, christlich zu bestatten. Im Laufe der Zeit gewann die Kapelle auf dem Vilm besondere geistliche Bedeutung. Es begannen die Wallfahrten zur Maria auf dem Vilm.

Während die Bedeutung der genannten Klöster für Rügen allgemein bekannt ist, wird in der Regel übersehen, daß auch die Johanniter, ein sich der Armen- und Krankenpflege widmender Ritterorden auf Rügen tätig war. Noch Ende des 13. Jahrhunderts errichteten die Johanniter aus dem dänischen Antvorskov eine Niederlassung in Maskenholt, einer Siedlung zwischen Gingst und Bergen unweit von Boldevitz. Im 15. Jahrhundert wird ein Komtur auf Rügen genannt. Nach der Reformation wurde Maskenholt unter die benachbarten Kirchspiele aufgeteilt. Die im Laufe der Zeit verfallenden Kirche ließ man im 17. Jahrhundert abbrechen.

Bei der Betrachtung der mittelalterlichen Entwicklung des Fürstentums Rügen gilt es zu beachten, daß sich die Gewichte zwischen der Insel und dem festländischen Teil in der ersten Hälfte des 13. Jahrhunderts verlagerten. Die Nachfolger Jaromars verlegten ihre Hauptresidenz vom Rugard bei Bergen nach Barth. Das geschah vor dem Hintergrund der deutschen, von den slawischen Fürsten geförderten Kolonisation. Während die dicht besiedelte Insel den neuen Siedlern wenig Raum bot, konnten sie im festländischen Teil, vor allem im Klostergebiet von Neuenkamp Fuß fassen.

Daneben entstanden deutsche Handelssiedlungen die sich rasch entwikkelten. Aus ihnen gingen die Städte Stralsund, Barth und Grimmen hervor. Stralsund errang sehr bald bestimmenden Einfluß auch auf die Insel und gewann darüber hinaus zentrale Bedeutung für den südlichen Ostseebereich. Dagegen vermochte sich Garz, die einzige mittelalterliche Stadtgründung auf der Insel, nicht zu entwickeln. Garz geriet rasch unter die Stralsunder Vorherrschaft und blieb in der Bedeutungslosigkeit stecken. Alle anderen wichtigen Orte Rügens kamen über das Stadium von Marktflecken nicht hinaus.

Mit dem massiven Zustrom deutscher Siedler wandelte sich der slawische Herrschaftsbereich in ein deutsches Fürstentum. Die Slawen wurden assimiliert. Bereits Anfang des 14. Jahrhunderts wurde am rügischen Fürstenhof deutsch gesprochen. Der Rügenfürst Wizlaw III. gehörte in den Kreis der Minnesänger. Einige seiner deutschen Lieder sind erhalten geblieben.

Als das rügische Fürstengeschlecht mit Wizlaw III. 1325 erlosch, fiel das Fürstentum aufgrund von Erbverträgen an den Neffen Wizlaws, den Pommernfürsten Wartislaw IV. von Wolgast. In den sich lange hinziehenden rügischen Erbfolgekriegen vermochten die Pommernherzöge ihre Ansprüche auf Rügen endgültig durchzusetzen.

Der weitere kirchliche Ausbau der Insel entsprach dem allgemeinen Bild jener Zeit. Im Rahmen der Elendenfürsorge wurden für die Fremden und Kranken Spitalkapellen errichtet. Von ihnen blieb nur die schon 1334 von Stralsund aus errichtete St. Jürgenkapelle in Rambin erhalten. Andere Spitalkapellen in Bergen, Garz, Trent und Wiek lassen sich aus den Urkunden erschließen. Insgesamt sind außer den etwa 30 mittelalterlichen Pfarrkirchen auf Rügen mehr als 20, in der Regel nach der Reformation abgebrochene, mittelalterliche Kapellen nachweisbar.

Wie anderenorts entwickelten sich auch auf Rügen Gnadenstätten, zu denen die Hilfesuchenden pilgerten. Für die Insel sind als Wallfahrtsziele neben dem Vilm ferner Schaprode, Zudar und Bergen zu nennen. Als ein Schiff mit Pilgern 1372 im Greifswalder Bodden kenterte und niemand das Unglück überlebte, wurden die Fahrten auf den Zudar und zum Vilm aufgehoben. Zwei Jahrzehnte später ließen sich Einsiedler bei der verlassenen Kapelle auf dem Vilm nieder. Es gibt im vorpommerschen Bereich kein weiteres Beispiel für eine solche mittelalterliche Einsiedelei. Im 15. Jahrhundert gewann die Vilmer Kapelle als wiedererstehender Wallfahrtsort neuen Glanz.

Der Umbruch, der sich im zweiten Viertel des 16. Jahrhunderts im Rahmen der Reformation ergab, verlief im Unterschied zu den teilweise dramatischen Entwicklungen in der großen Handels- und Hafenstadt Stralsund relativ ruhig. Viele der Kirchherren traten zur evangelischen Lehre über und führten ihr Amt fort. Nach anfänglichen Auseinandersetzungen mit dem Bistum Roskilde wurde die Insel der sich im Herzogtum Pommern herausbildenden evangelischen Landeskirche eingegliedert

und dem Greifswalder Generalsuperintendenten unterstellt. Entsprechendes geschah mit den festländischen Teilen Rügens, die zuvor dem Schweriner Bistum zugeordnet waren.
Die evangelisch gewordenen Gemeinden begannen, sich in ihren alten Kirchen neu einzurichten. Die Nebenaltäre wurden beiseite gerückt. An ihre Stelle traten die Epitaphe, die oft kostbar verzierten Gedenktafeln für die Verstorbenen, soweit sie als adlige Grundherren oder Geistliche einige Bedeutung hatten. Hervorragende Beispiele dieser Epitaphe bietet die Kirche in Vilmnitz.
Da mit der Reformation die Predigt zum bestimmenden Teil der Gottesdienste geworden war, wurden in den Kirchen Kanzeln errichtet. Den Kanzeln entsprach das für die Zuhörenden zu beschaffende Gestühl, mit dem man im Laufe der Zeit den Kirchenraum vollstellte.
Einen verhängnisvollen Einschnitt in der Entwicklung Rügens brachte der Dreißigjährige Krieg. Die Insel blieb vom Kriegselend nicht verschont. Während jener bitteren Zeit starb das pommersche Herzogshaus aus. Auf der Grundlage ihrer militärischen Erfolge setzten sich die Schweden gegenüber ihren Konkurrenten, den erbberechtigten brandenburger Herrschern in Vorpommern fest. Im Westfälischen Frieden wurde dieser Teil des pommerschen Herzogtums der Krone Schwedens zugesprochen.
Das Land kam jedoch auch in der folgenden Jahrzehnten nicht zur Ruhe. Weitere Kriege mit Brandenburg/Preußen um den Besitz Vorpommerns schlossen sich an. Bei der exponierten Lage Rügens wurde die Insel stets zur Aufmarschbasis und zum Angriffsziel. Die Schweden vermochten jedoch den nördlichen Teil Vorpommerns mit Rügen zu behaupten.
Nachdem schließlich der Nordische Krieg 1720 zuende gegangen war, kam es zu einem langsamen Wiederaufbau. Vieles der alten Kirchenausstattung war auch auf Rügen in den Kriegswirren verloren gegangen und mußte ersetzt werden. Das ist der Grund dafür, daß manches der Einrichtungen - Altaraufsätze, Kanzeln und Gestühl, aus dem 18. Jahrhundert stammt.
In der zweiten Hälfte des 18. Jahrhunderts bestimmte die Aufklärung das geistige Leben auf Rügen. Die durch zumeist gut dotierte Pfarrstellen wirtschaftlich unabhängigen Prediger gehörten, wie die Zeitgenossen anerkennend feststellten, zu den aufgeklärtesten Männern des Landes.

Viele von ihnen erbrachten beachtliche Leistungen auf den verschiedensten Wissenschaftsgebieten, z.B. der Geologie, der Botanik und der Insektenkunde sowie im Rahmen der Pädagogik, der Geschichtswissenschaften und der Philologie. In diesem Zusammenhang sind auch die Bemühungen um die Aufhebung der Leibeigenschaft auf Rügen zu nennen. Erste Freigaben von Leibeigenen erfolgten bereits in den 70er Jahren des 18. Jahrhunderts.
Anfang des 19. Jahrhunderts begann die Zeit der Landschaftsentdeckungen der Insel. Beträchtlichen Anteil hieran hatte der Altenkirchner Pfarrherr, der Dichter Gotthard Ludwig (Theobul) Kosegarten mit seinen Uferpredigten in Vitt bei Arkona. Aufgrund seiner Initiative wurde 1806/16 die Vitter Kirche errichtet.
Eine enge Verbindung zur Landschaftsentdeckung Rügens ergibt sich auch aus der vom Geist der Romantik geprägten, religiösen Landschaftsmalerei von Caspar David Friedrich. Bezüge zum nationalen Aufbruch während der Befreiungskriege treten hinzu. Beispielhaft sei unter dem zuletzt aufgeführten Gesichtspunkt Ernst Moritz Arndt genannt.
Zu den Ergebnissen der Befreiungskriege gehörte die Wiedervereinigung Pommerns. Schweden mußte, nachdem ein Ausgleich mit Dänemark gefunden worden war, Schwedisch-Pommern mit der Insel Rügen 1815 an Brandenburg/Preußen abtreten.
Die durch zahlreiche Reisebeschreibungen, Zeichnungen und Bilder bekanntgewordene Insel lockte Reisende und immer häufiger auch Badegäste. Die Fürsten von Putbus ließen in Lauterbach ein großes Badehaus im klassizistischen Stil errichten. Andere mieteten Wohnungen in Bauern- und Fischerhäusern. Zu den ersten Urlaubern, die mit ihren Familien wiederholt nach Rügen kamen, gehörte der berühmte Berliner Theologe Daniel Friedrich Schleiermacher.
Seit der zweiten Hälfte des 19. Jahrhunderts schwoll der Strom der Urlauber beträchtlich an. Vor allem die Orte an der landschaftlich besonders reizvollen Ostküste Rügens konnten den Fremdenverkehr nutzen und entwickelten sich rasch. Auch Kirchen wurden folgerichtig in den aufblühenden Badeorten gebaut. Saßnitz erhielt bereits 1883 eine Kirche. Sellin und Binz kamen 1912 und 1913 hinzu, 1930 folgten Göhren und Baabe.
In den zurückliegenden vier Jahrzehnten wurde es den Kirchengemein-

den schwer gemacht, die notwendigen Reparaturen an ihren zumeist noch aus dem Mittelalter stammenden Kirchen ausführen zu lassen. Trotz mancher Bemühungen zeichneten sich an vielen Kirchen z.T. schwere Bauschäden ab. Es ist vor allem den Partnerkirchen aus den Altbundesländern zu danken, die immer wieder mit Geld und Baumaterial halfen, so daß die schönen, das Landschaftsbild der Insel prägenden Kirchen erhalten blieben, einige auch restauriert werden konnten. Auf Glowe kam es 1982 sogar zu einem kleinen Kirchenneubau für die Urlauber auf der Schaabe.
Nun gilt es, da sich viele neue Möglichkeiten für die Urlaubsgäste und die Kirchengemeinden auftun, das reiche kirchengeschichtliche Erbe der Insel ins allgemeine Bewußtsein zu heben und sorgfältig zu pflegen, damit auch unsere Kinder sich noch daran freuen können und es nutzen.

Norbert Buske
Levenhagen 1992

Altefähr

Heute etwa einen Kilometer abseits der großen Inselstraße gelegen, war das Kirchdorf nachweisbar seit dem 13. Jahrhundert der traditionelle Ankunftsort der Fähren zwischen dem Festland und der Insel Rügen. Erst mit der Fertigstellung des Rügendammes 1936 verlor das Dorf, das zwischen dem 13. und 17. Jahrhundert der Stadt Stralsund gehörte, mit der weitgehenden Aufgabe des Fährhafens seine namensgebende, ursprüngliche Bedeutung. Als "Kapelle gegenüber der Stadt Stralsund" (capella opposite civitati Stralsund) findet 1325 erstmals eine Kirche in Altefähr urkundliche Erwähnung, allerdings haben sich von diesem Bau keine Reste erhalten. Die heutige Kirche stammt in ihren ältesten Teilen aus der zweiten Hälfte des 15. Jahrhunderts. Das aus Backstein errichtete Kirchenschiff mit dem östlich

anschließenden eingezogenen Rechteckchor wurde in dieser Zeit errichtet, war allerdings ursprünglich flachgedeckt. Der Turm enstand ebenfalls Ende des 15. Jahrhunderts, wurde 1692 verändert und erhielt das Fachwerkobergeschoß mit dem markanten Spitzhelm.
Mitte des 18. Jahrhunderts erfogte eine barocke Umgestaltung des Kirchenraumes: 1737 wurde in das Schiff das Tonnengewölbe eingezogen und 1746 entstand in der Werkstatt des Stralsunders Michel Müller der heutige Hauptaltar mit seiner architektonischen Gliederung, den Figuren der vier Evangelisten, Christus und zweier Engel sowie der nach Rubens geschaffenen Gemäldekopie des Hl.Abendmahls. Von den älteren Ausstattungsstücken blieben die Kalksteinfünte aus dem 14. Jahrhundert, die hölzerne Renaissancekanzel und Fragmente eines mittelalterlichen Schnitzaltars erhalten. Nicht unerwähnt sollen die für den Ort interessanten vier Schiffsmodelle (sog.Votivschiffe) bleiben, die u.a. die beiden Fährschiffe »Altefähr I« und »Altefähr II« darstellen.

Altenkirchen

Nach bereits jahrzehntelangen und zum Teil kriegerisch geführten Missionierungsversuchen kam es erst ab 1168 unter dänischer Herrschaft zur Christianisierung der Insel Rügen. Um 1200 entstand im später "Altenkirchen" genannten Zentrum der Halbinsel Wittow einer der ersten Kirchenbauten Rügens. Von diesem Bau haben sich der romanische Chor und das zeitgleiche Chorquadrat erhalten. In der südlichen Vorhalle befindet sich eingemauert der sogenannte "Svantevit-Stein", der aus der Zeit vor der Kirchengründung stammt und von dem vermutet wird, daß es sich um einen slawischen Grabstein aus der Zeit vor 1168 handelt. In ihrer Formensprache ähnlich archaisch sind die kleinen Maskenköpfe, die als Konsolsteine zum Schmuckfries des Chores gehören. Das als dreischiffige Pfeilerbasilika

konzipierte und begonnene Kirchenschiff kam verändert zur Ausführung und erfuhr in den folgenden Jahrhunderten weitere Umbauten. Mit Ausnahme der Apsiskuppel war das Innere ursprünglich flachgedeckt und erhielt erst in der Spätgotik sein einheitliches Kreuzrippengewölbe. Die ornamentalen Wandmalereien im Chor und der Apsis wurden nach Befunden des frühen 13. Jahrhunderts rekonstruiert und stellen mit der romanischen

Kalksteinfünte die frühesten Zeugnisse der christlichen Ausstattung dar. Ein bemerkenswertes gotisches Stück ist das große Kruzifix im Triumphbogen. Anläßlich der barocken Umgestaltung des Kircheninneren kamen der 1724 entstandene Altar von Elias Keßler und der um 1730 in derselben Stralsunder Werkstatt geschaffene Taufengel nach Altenkirchen. Kanzel und Gestühl sind historistische Zutaten des 19. Jahrhunderts. 1863 kam das jetzige Andachtsbild des »Sinkenden Petrus« (Matt 14, 22-33) in den Altar. Der Maler Karl Gottfried Pfannschmidt malte es nach einer Idee von Philipp Otto Runge. Runge schuf sein Gemälde des »Sinkenden Petrus« ursprünglich für die Kapelle in Vitt. Das Bild, das sich heute in der Hamburger Kunsthalle befindet, wurde von dem Stralsunder Maler Erich Kliefert kopiert und hängt im südlichen Seitenschiff.

Umgeben wird die Backsteinkirche vom alten Kirchhof, auf dem der freistehende hölzerne Glockenturm und eine Vielzahl steinerner Grabwangen erhalten blieben.

Baabe

Wohl als slawische Gründung entstanden, liegt der Ort im Nordwesten der Baaber Heide auf der Halbinsel Mönchgut. Nur ein Bauernhof und später einige Büdner- und Häuslerstellen bestanden hier zwischen dem späten Mittelalter und der Mitte des 19. Jahrhunderts; erst mit der Entwicklung des Badebetriebes seit den 80er Jahren des letzten Jahrhunderts erwies sich die von Middelhagen erfolgende kirchliche Betreuung als nicht mehr ausreichend und führte zum Bau einer der jüngsten Kirchen Rügens. Errichtet nach Plänen des Berliner Architekten E.Schmitt, wurde sie im Sommer 1930 eingeweiht.

Der einfache Rechteckbau ist durch die als offener Arkadengang gestaltete Vorhalle und den kleinen Dachreiter charakterisiert. Mit Ausnahme der erst 1969 eingebauten Orgel stammen alle Ausstattungen im gewölbten Kirchenraum aus der Erbauungszeit.

Bergen

Nur ein Jahrzehnt nach der Christianisierung Rügens wurde um 1180 mit der Errichtung der Bergener Marienkirche begonnen. Ursprünglich wohl als Palastkirche Jaromars gedacht, wurde sie bald dem 1193 gestifteten Benediktiner-Nonnenkloster zugewiesen. Bis zur Annahme der Zisterzienserregeln um 1250 blieb der Konvent klein und der Bau der Klosterkirche ging nur stockend vonstatten. Nach dem Abriß einer Kapelle auf dem Rugard wurde der Marienkirche 1380 auch die Aufgabe einer Pfarrkirche übertragen.
Vom ursprünglichen romanischen Backsteinbau haben sich im Osten der Chor mit Apsis und das anschließende Querhaus, die südliche Außenwand und der Westbau mit einer Herrschaftsempore erhalten; im 14. Jahrhundert erfolgte der Umbau des Langhauses zur gotischen Halle. Eine tiefgreifende Restaurierung zwischen 1896 und 1902 brachte Änderungen und Ergänzungen am Außenbau.
Ältester Bestandteil der Kirche ist ein in der Westwand eingemauerter slawischer Grabstein aus Granit.

Das Innere der kreuzgratgewölbten Kirche wird von drei Stilepochen geprägt: Die bedeutenden Wandmalereien im Chor und Querschiff stellen das einzig erhaltene Beispiel einer spätromanischen Totalausmalung nach einheitlichem Programm in Norddeutschland dar, sie wurden Ende des 19. Jahrhunderts freigelegt und zum Teil verfälscht wiederhergestellt. Die Ausstattung stammt mit Ausnahme der Granitfünte in der mittleren Nordkapelle weitgehend aus der Zeit des Spätbarock: Der Altar mit hölzernem Säulenaufbau und zwei Beichtstühle entstanden um 1730, die aufwendige Kanzel um 1775. Ebenfalls aus dieser Zeit stammt das interessante Zifferblatt einer Uhr. Im Zuge der umfassenden Restaurierung um 1900 kamen das Gestühl, die Emporen und die neue Orgel - ihr Prospekt allerdings weitgehend unter Verwendung barocker Teile - in die Kirche.
Unter den erhaltenen Abendmahlsgeräten ist ein romanischer Goldkelch das herausragende Stück.
An der Nordseite der Kirche fanden eine Reihe von Grabstelen und -platten vom 1829 aufgelassenen alten Kirchhof einen neuen Platz.

Bessin

Der kleine achteckige gestreckte Backsteinbau entstand in den Jahren unmittelbar vor 1482 und war eine Stiftung des damaligen Stralsunder Bürgermeisters Matthias Darne. Abgesehen vom Glockenerker, einer Zutat des 17. Jahrhunderts, blieb die Kapelle in ihrem Äußeren seit der Erbauung unverändert.

Im Inneren, das nicht gewölbt, sondern mit einer flachen, bemalten Bretterdecke versehen ist, haben sich Teile mittelalterlicher Wandmalerei erhalten.

Der barocke Kanzelaltar, dessen Säulenaufbau von zwei Freifiguren des Petrus und Johannes flankiert wird, stammt aus der Werkstatt des Stralsunders Michel Müller. Am Kanzelkorb befindet sich eine Reliefdarstellung des Salvator mundi. Ein Kruzifix aus dem beginnenden 15. Jahrhundert wird schon seit vielen Jahren andernorts aufbewahrt.
Zum wohl ursprünglichen Bestand der Kapelle gehört die ebenfalls im 15. Jahrhundert entstandene kleine Bronzeglocke.

Binz

Im 19. Jahrhundert entwickelte sich der schon 1318 erstmalig erwähnte Weiler zu einem der beliebtesten und größten Badeorte der Insel Rügen und der Bau einer Kirche wurde erforderlich. Nach Plänen des Architekten Reichert entstand der neugotische Kirchenbau, der 1913 eingeweiht werden konnte.
In seiner Gliederung von Chor, Langhaus und Westturm hält sich der Bau ebenso eng wie in der Materialwahl und Detailgestaltung an die Vorbilder der Backsteingotik. Zur bauzeitlichen Ausstattung gehört auch eine Orgel von B. Grüneberg aus Stettin, die von der Firma Sauer umgestaltet wurde.

Bobbin

Anstelle eines erstmals 1250 erwähnten und im Besitz des Bergener Klosters befindlichen Vorgängerbaus entstand um 1400 der noch erhaltene Feldsteinbau mit Backsteinformteilen. Der aus Backstein mit eingesprengten Feldsteinen errichtete Westturm wurde um 1500 erbaut. Das rechteckige Kirchenschiff ist mit einer hölzernen Flachdecke geschlossen, der eingezogene Chor kreuzrippengewölbt.

Das älteste Ausstattungsstück, eine Kalksteinfünte aus der Zeit um 1300 stammt wohl noch aus dem ersten Kirchenbau. Aus der Erbauungszeit der jetzigen Kirche blieb der in die Südwand der Sakristei eingemauerte Sakramentsschrein erhalten, dessen von der hochmittelalterlichen Mystik beeinflußte Malerei besonders bemerkenswert ist. 1622 entstand die hölzerne Kanzel mit ihrem reichen Schalldeckel in Formen der Spätrenaissance, die Felder des Korbes sind mit Malereien geschmückt.
Unter dem Patronat des schwedischen Generals Karl Gustav von Wrangel, der in Folge des Dreißigjährigen Krieges in den Besitz des benachbarten Schlosses Spyker gelangte, erfolgte die barocke Überformung und Neuausstattung der Kirche. In den Jahren ab 1649 entstanden der Hauptaltar mit den Chorschranken, die Patronatsloge und die Westempore. Auch die schon erwähnte Kanzel soll eine Stiftung Wrangels sein. 1775 entstand der Beichtstuhl in der Werkstatt des Stralsunders Michel Müller.
Die Orgel mit dem Werk des Berliner Orgelbauers C. August Buchholz und einem neugotischen Prospekt kam 1842 in die Kirche.
Auf dem alten Friedhof, der von einer Feldsteinmauer begrenzt ist, haben sich mehr als fünfzig zum Teil sehr qualitätvolle Grabwangen aus der Zeit zwischen 1755 und 1884 erhalten.

Garz

Bei einer der drei 1168 in der Garzer Gegend geweihten Kirchen handelte es sich vermutlich um den Vorgängerbau der etwas am Randes des Ortes stehende Stadtkirche St. Petri. Die Errichtung des Backsteinbaus mit dem langgestreckten Chor und dem quadratischen Westturm zog sich von der Mitte des 14. bis zum 16. Jahrhundert hin. Nach immer wieder notwendigen Reparaturen erfolgte zwischen 1906 und 1914 eine eingreifende Erneuerung des vollständig gewölbten Kirchenbaus.
Außer der Granitfünte des 13. und dem Chorgestühl des 17. Jahrhunderts entstanden alle übrigen Ausstattungsstücke im Verlauf des 18. Jahrhunderts. Der Korb der hölzernen Kanzel wird von einer Mosesfigur getragen. Von figürlichen Darstellungen des Moses und Aaron ist der hölzerne Säulenaufbau des Altars flankiert. Ein davor hängender Taufengel entstand etwa zeitgleich.
Ein Friedhof mit schönen Grabmalen des frühen 19. Jahrhunderts umgibt die Kirche.

Gingst

Der um 1300 begonnene Kirchenbau, dessen Langhaus um 1400 und dessen Westturm um 1450 errichtet wurde, war wiederholt Opfer schwerer Stadtbrände. Nach der so verursachten Zerstörung des Mittelschiffgewölbes zog man nach 1725 die flache Stuckdecke ein und schuf in der Folgezeit eine barocke Ausstattung, die dem Innenraum ein sehr einheitliches und qualitätvolles Erscheinungsbild verleiht. Illusionistische Wandmalereien und das Inventar bilden ein sehr effektvoll gestaltetes Ganzes. Gemalte Draperien bilden den Hintergrund der 1743 geschaffenen Kanzel und des 1776 gefertigten Hauptaltares. Ebenfalls aus dieser Zeit stammen die hölzerne Taufe mit Deckel, die Beichtstühle und das mit marmoriertem Anstrich versehene Kastengestühl. Als Höhepunkt komplettiert die 1790 entstandene spätbarocke Orgel des Christian Kindt aus Stralsund die Ausstattung; der Orgelbauer betrachtete das weitge-

hend original erhaltene Werk als sein Meisterstück. Der zugehörige, reich gegliederte Prospekt ist ebenfalls die Arbeit eines Stralsunder Meisters, Nathanael Freese schuf das mit beweglichen Teilen versehene Stück.
An der äußeren Ostwand der Kirche steht eine mittelalterliche Mordwange, deren originale Oberfläche zur Zweitverwendung als Grabmal im 18. Jahrhundert abgearbeitet wurde.

Glowe

1981/82 wurde das aus zwei Typenhäusern und einem freistehenden Glokkenstuhl bestehende Gemeindezentrum nach Plänen des Architekten H.Henke errichtet. Der Kirchsaal mit weitgehend verglaster Westwand ist am 18. Oktober 1982 eingeweiht worden.

Göhren

Infolge des beginnenden Badebetriebes entwickelte sich der im 13. Jahrhundert erstmals urkundlich erwähnte Ort Ende des letzten Jahrhunderts sehr rasch. Um 1900 griff der damalige Pastor eine rügensche Tradition auf und ließ eine provisorische "Waldkirche" errichten. 1930 konnte dann die nach Plänen des Berliner Architekten Jürgens erbaute Kirche fertiggestellt werden. Der fast expressionistisch anmutende Klinkerbau mit der stattlichen Turmfront ist den mittelalterlichen Kirchen nachempfunden.
Zur Ausstattung gehört eine Kreuzigungsgruppe des Tiroler Herrgottschnitzers Ferdinand Stufflesser: Anstelle von Maria und Johannnes stellte er ein Fischerpaar in Mönchguter Tracht als Assistenzfiguren unter das Kreuz.

Groß Zicker

In der Verkaufsurkunde des später Mönchsgut genannten Gebietes an das Kloster Eldena bei Greifswald findet 1360 erstmals eine "Kirche oder Kapelle" in Groß Zicker urkundliche Erwähnung, allerdings haben sich von diesem Bau keine Reste erhalten. Am Ende des 14. Jahrhunderts wurde die

heutige Backsteinkirche mit flachgedecktem Schiff und kreuzrippengewölbtem Chor errichtet. Ob der westliche Fachwerkdachturm, der 1835 neu aufgebaut worden ist, auf älteren Vorbildern basiert, ist ungeklärt, allerdings stammt die kleine Bronzeglocke bereits aus dem 15. Jahrhundert.
Im Kircheninneren, dessen Langhaus offenbar ursprünglich auch gewölbt war oder werden sollte - Ansätze haben sich am Triumphbogen erhalten -, gibt es eine Reihe interessanter Ausstattungsstücke; die ältesten sind der Sakramentsschrein aus dem 15. Jahrhundert und das aus der Zeit um 1500 erhaltene Altarkruzifix. Besonders bemerkenswert sind die aus den Chorfenstern stammenden Buntglasscheiben aus der Zeit um 1600; die von Schiffern als Reiseandenken aus den Niederlanden mitgebracht und der Kirche gestiftet wurden. Ein noch zu Beginn des 19. Jahrhunderts in der Kirche befindlicher mittelalterlicher Schreinaltar ist 1835 vom damaligen Pfarrer in einer Gruft "begraben" worden
Auf dem Friedhof haben sich fast einhundert Grabwangen des späten 18. und beginnenden 19. Jahrhunderts erhalten; im Chorraum der Kirche werden zehn aus gespaltenen Findlingen gearbeitete Grabsteine aufbewahrt.

INRI

Gustow

An den Ende des 13. Jahrhunderts fertiggestellten Chor mit stark gebustem Kreuzrippengewölbe und die zeitgleiche Ostwand des dreischiffig geplanten Langhauses wurde erst im 14. Jahrhundert der einschiffige Kirchenraum angebaut, dieser wiederum erst 1517 eingewölbt. Erst Mitte des vergangenen Jahrhunderts wurde im Westen der hölzerne Glockenstuhl errichtet.
Im Langhaus haben sich bemerkenswerte figürliche Wandmalereien der Zeit um 1420 erhalten. Ebenfalls aus dieser Zeit stammt die Triumphkreuzgruppe. Eine Pietá und eine Anna Selbtritt sind weitere spätmittelalterliche Schnitzgruppen. Das mit Inschriften und Flachschnitzerei verzierte Chorgestühl entstand 1681. Der Altar von 1720 und der Taufständer von 1768 sind Werke des Barock, die aus einer Stralsunder Werkstatt stammende Kanzel von 1784 trägt bereits klassizistische Züge.
Auf dem angrenzenden Friedhof sind eine Mordwange aus dem Jahr 1510 und einige schmiedeeiserne Grabkreuze des 19. Jahrhunderts erwähnenswert.

Kasnevitz

Von einer 1306 erstmals erwähnten Kirche haben sich keine sichtbaren Reste erhalten, der heutige Backsteinbau entstand im wesentlichen in der 2.Hälfte des 14. Jahrhunderts: Chor und Sakristei in einem ersten Bauabschnitt, das über innenliegenden Strebepfeilern kreuzrippengewölbte Schiff nur wenig später. Der wohl ursprüngliche Westturm stürzte 1641 ein und erst 1864 wurde der für das heutige Erscheinungsbild so markante neugotische Turm angefügt.
Das Kircheninnere, in dem sich keine mittelalterlichen Ausstattungen erhalten haben, wird vom 1746 geschaffenen Kanzelaltar geprägt. Als bemerkenswertes Detail ist die auf dem Kanzelkorb angebrachte Sanduhr zur Anzeige der Predigtlänge zu erwähnen. Im südlichen Chorfenster befinden sich sechs Wappenscheiben des 16. und 18. Jahrhunderts.
An der Südseite des Schiffes hängt eine Sonnenuhr aus der Zeit um 1800.

Kloster / Hiddensee

Ende des 13. Jahrhunderts erhielt das Zisterzienserkloster Neuenkamp (Franzburg) mit der Insel Hiddensee auch die Genehmigung, hier eine Tochtergründung anzulegen. Der Konvent zog bereits 1298 ein. Nachdem 1389 das Kloster teilweise abbrannte, entstand um 1400 anstelle der bisherigen Kapelle der vermutlich in einem Zug errichtete kleine Kirchenbau, dessen Weihe für 1410 belegt ist. Nach der Säkularisation kam es zum Verfall der Klosteranlagen, die im Dreißigjährigen Krieg bis auf geringfü-

gige Reste völlig zerstört wurden. Anläßlich einer durchgreifenden Instandsetzung erhielt die verputzte Backsteinkirche 1781 ihr heutiges Aussehen: Fenster und Portale wurden vergrößert, das hölzerne Tonnengewölbe eingezogen und der südliche Anbau vor der Priesterpforte hinzugefügt.
Die Ausstattung entstand weitgehend in dieser Zeit, zum Teil allerdings unter Verwendung älterer Teile. So stammt der Korb des Kanzelaltars aus dem 17. Jahrhundert. Bemerkenswert ist auch der schwebend aufgehängte Taufengel. Anfang des 20. Jahrhunderts wurde die Kirche und ihre Ausstattung in der überlieferten Form farblich neu gefaßt. Auf der um 1780 eingebauten Westempore befindet sich die Orgel, ein 1943 in der Potsdamer Werkstatt Schuke entstandenes Werk. Ihr Prospekt ist in Anlehnung an barocke Stücke des Kösliner Meisters Pavelt gestaltet. Mit der Verwendung der Sanddorn-Motive wurde Bezug auf die Vegetation der Insel genommen. Auf dem angrenzenden Friedhof blieben zahlreiche Grabwangen aus der Zeit vom Ende des 18. Jahrhunderts bis um 1840 erhalten, von denen sich viele durch ihre Verzierungen mit Schiffsdarstellungen auszeichnen. Von den verschiedenen Künstlern, die seit dem Beginn des Jahrhunderts auf der Insel weilten, haben einige auch hier ihre letzte Ruhestätte gefunden, so zum Beispiel Gerhart Hauptmann und Walter Felsenstein.

Lancken-Granitz

Die aus Chor mit angebauter Sakristei, Langhaus und Westturm bestehende Kirche wurde in dieser Reihenfolge im 15. Jahrhundert aus Backstein unter Verwendung großer Findlinge für den unteren Bereich errichtet. Die Kreuzrippengewölbe sind bauzeitlich. Vom 1249 erstmals urkundlich erwähnten Vorgängerbau hat sich nichts erhalten.

Ältestes Ausstattungsstück ist das am südlichen Triumphbogenpfeiler hängende hölzerne Kruzifix aus dem 15. Jahrhundert. Ebenfalls aus dem 15. Jahrhundert stammen die Wandmalereien. 1522 entstand das Chorgestühl, 1598 die Kanzel mit dem bemalten achtseitigen Korb und dem sternförmigen Schalldeckel. Der hängende Taufengel ist ein Werk des Barock. Erst 1818 wurde der hölzerne Altaraufsatz mit der Kopie eines Madonnengemäldes nach Correggio eingefügt.

Auf dem Friedhof blieben rund zwanzig Kalksteingrabwangen des 18. und 19. Jahrhunderts erhalten, zum Teil allerdings zweckentfremdet anderweitiggenutzt.

Landow

Vom 1333 erstmals erwähnten Kirchenbau haben sich keine Reste erhalten; Chor und Sakristei des heutigen Baus entstanden um 1400, sie sind kreuzrippengewölbt. Das auf Wölbung angelegte, aber nachweisbar seit 1733 flach eingedeckte Schiff wurde erst in der zweiten Hälfte des 15. Jahrhunderts errichtet. Das Fachwerktürmchen über dem Westgiebel stammt ebenfalls aus der Zeit um 1733. Damals erfolgte eine vollständige Umgestaltung der Kirche, sie wurde komplett ausgemalt und eine Vielzahl der Ausstattungen angeschafft. Der Hauptaltar, die Kanzel und die Taufe stammen aus der Stralsunder Werkstatt des Elias Keßler. Auch das Beicht- und Patronatsgestühl entstanden zu dieser Zeit. Älter sind zwei Kruzifixe, das aus dem 14. Jahrhundert stammende Werk gilt als wertvollstes Ausstattungsstück. Das Triumphkreuz aus der Zeit um 1500 befindet sich im Gemeindezentrum Knieper-West in Stralsund. Vor einigen Jahren wurde die Kirche aufgegeben und das verbliebene Inventar ausgelagert.

Middelhagen

In der Nachfolge einer seit 1302 urkundlich bekannten Kapelle entstand die heutige Dorfkirche in der erstenHälfte des 15. Jahrhunderts als relativ einheitlicher Backsteinbau, bestehend aus gewölbtem Chor und Langhaus. Im 17. Jahrhundert erneuerte man den Westgiebel, errichtete den angebauten Treppenturm, setzte den hölzernen Dachturm auf und versah das Langhaus mit einem gemauerten Tonnengewölbe mit Stichkappen.
Der spätgotische Flügelaltar, der im geschnitzten Mittelschrein und auf den Maltafeln der Hl.Katharina gewidmet ist, wird um 1480 entstanden sein, das bekrönende Kruzifix wurde nach der letzten Restaurierung separat aufge-

hängt. Anläßlich der Umgestaltungen im 16./17. Jahrhundert kamen eine Reihe von neuen Ausstattungen in die Kirche und es entstand das für Vorpommern typische Erscheinungsbild der zum Barock überleitenden Spätrenaissance. Stücke dieser Zeit sind die Kanzel und das Kastengestühl mit der charakteristischen Flachschnitzerei sowie der Opferstock, die Altar- und Kronleuchter. Nicht erhalten hat sich eine im Westen über den äußeren Treppenturm erschlossene Herrschaftsempore. An ihrer Stelle entstanden um 1850 die Orgel mit neugotischem Prospekt und die zugehörige Empore. Ein Votivschiff, die Brigg »Perth« von 1842, gilt als gute Arbeit und entspricht den Schiffsbauten der damaligen Zeit. Von den erhaltenen Abendmahlsgeräten kommt einem aus Silber getriebenen Kelch von 1597 besondere Bedeutung zu, auf dem sechsteiligen Fuß finden sich Darstellungen der Tugenden. Aus der Zeit um 1800 stammt der ursprüngliche Pfarrhof, der mit seinen eingeschossigen Fachwerkgebäuden ein Bild der damaligen Profanbauten vermittelt.

Neuenkirchen

Möglicherweise stammen die aus unbehauenen Findlingen errichteten unteren Wandteile der Kirche noch vom ersten, Anfang des 14. Jahrhunderts erwähnten Bau, im übrigen wurde die aus Chor mit Sakristei und Langhaus bestehende Kirche im 15. Jahrhundert errichtet. Die tief herabgezogenen Kreuzrippengewölbe sind wie die 1968/70 freigelegten Ausmalungen zeitgleich. Anstelle des 1650 vom Sturm zerstörten Dachturmes entstand in der Folgezeit ein hölzerner Glockenstuhl; das heutige Glockenhaus vor der Westfront der Kirche wurde 1900 errichtet.

Im Inneren sind zwei Kastengestühle aus den Jahren 1636/37 älteste Stücke dieser Kirche. Die Kanzel aus der zweiten Hälfte des 16.Jahrhunderts kam 1775 als Stiftung aus der Bergener Marienkirche. Der Altar entstand 1787, die Gemäldekopie erst 1900. Qualitätsvoll ist das steinerne Epitaph Usedom aus Granit, Alabaster, Holz und Stuck mit vollplastischen Figuren der Verstorbenen aus dem Jahre 1646. Die meisten der alten Grabstelen auf dem von einer Feldstein-Trockenmauer umgebenen Friedhof sind als Wegeeinfassung verwendet worden und zum Teil zerschlagen.

Patzig

In einzelnen Bauabschnitten entstanden im Verlaufe des 15. Jahrhunderts Chor, Schiff, Sakristei - alle kreuzrippengewölbt - und Westturm der Kirche in Backstein, in den untersten Schichten aus behauenen Feldsteinen. Vom 1318 erwähnten Vorgängerbau blieben keine Reste erhalten. Die bisher in Teilen freigelegten Wandmalereien im Chor stammen aus der Bauzeit der heutigen Kirche.

Zur Erstausstattung gehört der Flügelaltar, dessen geschnitzter Schrein ebenso wie die Maltafeln Darstellungen der Margarethenlegende zeigt. Maßwerk und bekrönendes Kruzifix sind zeitgleich, die Predella stammt aus dem 17. Jahrhundert. In dieser Zeit entstanden auch die hölzerne Kanzel und das Lesepult. Die Orgel mit dem neugotischen Prospekt entstand 1846 in der Stralsunder Werkstatt Nerlich & Haase. Zur Ausstattung des Vorgängerbaus könnte die Granitfünte gehören, die vor 1250 datiert wird. Auf dem Friedhof, der von einer guterhaltenen Feldstein-Trockenmauer umgeben ist, stehen u. a. drei Grabstelen des frühen 19. Jahrhunderts.

Poseritz

In Poseritz stand vermutlich eine der drei Kirchen, die 1168 vom Roeskilder Bischof Absalom geweiht wurden. Den heutigen Bau begann man bald nach 1300 mit dem dreischiffig geplanten Langhaus zu errichten, stellte es jedoch verändert einschiffig fertig und fügte den Chor nachträglich an. Alle Teile wurden eingewölbt. Die Sakristei entstand um 1400, der Westturm nach 1450.

Von der mittelalterlichen Ausstattung haben sich eine Kalksteinfünte des 14., eine kleine hölzerne Kreuzigungsgruppe des 15. und eine große Triumphkreuzgruppe aus dem Anfang des 16. Jahrhunderts erhalten. Zwei Patronatsstühle von 1598 und 1600 sind in Renaissanceformen gearbeitet. Der schwere barocke Hauptaltar entstand 1703, die Kanzel mit ihren eleganten Rocaille-Ornamenten und den spielenden Putten am Schalldeckel 1755.

Im Fußboden des Chorraumes sind mehrere Grabplatten des 14.-19. Jahrhunderts eingelassen.

Putbus

Nachdem bereits im sogenannten »Steinhaus«, einem 1371 erstmals erwähnten Bestandteil der Burganlageeine Schloßkapelle existiert hat, wurde die spätere Schloß- und heutige Pfarrkirche 1844-46 nach Plänen von August Stüler und J. Gottfried Steinmeyer als Kursalon im zwischen 1808 und 1823 als Residenz- und Badeort angelegten Putbus errichtet und 1891/92 für die kirchliche Nutzung umgebaut. Der verputzte Backsteinbau im Stil des Spätklassizismus erhielt damals durch Entfernung der seitlichen Obergeschosse einen basilikalen Querschnitt, der Anbau an der nördlichen Schmalseite wurde zum dreigeschossigen Turm mit vorgelagertem Portikus umgestaltet. Die sechs ursprünglich auf der Attika befindlichen italienischen Statuen wurden anläßlich des Umbaus auf die Attika des Schlosses verbracht und gingen bei seiner Vernichtung 1959-62 unwiederbringlich verloren.

Im Kircheninneren, dessen Mittelraum mit einer Spiegeldecke versehen ist, haben sich die Ausstattungen der Umbauzeit erhalten. Aus dem Schloß stammen die beiden Bildnisse von Wilhelm Malte I. und II. von Putbus, aus der Schloßkapelle das als Altarblatt verwendete Ölgemälde des Italieners Daniel Crespi (1590-1630).

EN DEM HERRN DI
ICH BIN DER WEG UND D

WAHRHEIT UND DAS LEBEN.
ICH BIN BEI EUCH A

Ralswiek

Als jahrhundertelanger Standort eines bischöflichen Gutes war Ralswiek dennoch nie Kirchdorf. Im unteren Flur des 1890 abgebrochenen Probsteigebäudes wurden zeitweilig Gottesdienste abgehalten, bis zuletzt befand sich dort auch eine - allerdings als baufällig mit morscher Treppe beschriebene Kanzel.

Als Geschenk wurde 1907 die kleine, am Ortsausgang stehend hölzerne Kapelle aus Schweden hierher überführt.

Rambin

Seit 1246 sind Nachrichten über eine hier befindliche Kirche überliefert, um 1300 entstand der Chor des heutigen Backsteinbaus, bald darauf die Sakristei und in der zweiten Hälfte des 14. Jahrhunderts das Langhaus, das um 1700 mit einem hölzernen Tonnengewölbe versehen wurde. Aus dieser Zeit stammen wohl auch das Dachtürmchen über dem Westgiebel und eine nur zum Teil freigelegte Komplettausmalung der Kirche.
Ältestes Ausstattungsstück ist eine Kalksteinfünte aus der zweiten Hälfte des 13. Jahrhunderts. Spätmittelalterliche Arbeiten sind die Schnitzfigur der Maria mit Kind und das Triumphkreuz. Mit zum Teil reicher Renaissanceornamentik ist die Brüstung der um 1630 und 1700 entstandenen Nordempore versehen. Altar und Kanzel von 1738 stammen wohl beide von Martin Becker, Stralsund. Zwei Votivschiffe aus der Zeit um 1820 hängen im Langhaus.
Die ehemalige Kapelle des Klosters St. Jürgen von Rambin, ein unverputzter Backsteinbau, stammt aus dem 15. Jahrhundert und wird seit 1773 zu Wohnzwecken genutzt. An einem um 1730 errichteten zugehörigen Wohnhaus blieb ein tönernes Relief mit einer Georgs-Darstellung erhalten.

Rappin

Schachbrettartig aus Granitquadern und Backsteinen sind die unteren Bereiche des Chores gemauert, sie stammen wohl vom ersten Kirchenbau aus der Zeit um 1300. In der Folgezeit bis 1400 entstanden der übrige Chor, die Sakristei und das Langhaus mit der südlichen Vorhalle; alle mit einer ursprünglichen Kreuzrippenwölbung. Der hölzerne Glockenturm südwestlich der Kirche wurde 1635 errichtet.
Die um 1250 entstandene Kalksteinfünte ist durch Rundbogenfelder und vier Gesichtsmasken gegliedert. Der Altar mit zugehörigem Gehege zeichnet sich durch reiche Knorpelwerkrahmung aus, er entstand 1669. Kanzel und Beichtstuhl stammen aus dem Jahr 1702, in dieser Zeit wurden auch die zehn Kabinettscheiben in den Fenstern gestiftet.
Auf dem Friedhof gibt es eine Reihe bemerkenswerter Grabdenkmäler: Sechs Grabplatten des 18. Jahrhunderts befinden sich unmittelbar hinter dem Chor.

Sagard

Zu Beginn des 13. Jahrhunderts entstand in Sagard eine einschiffige romanische Kirche, von der die Langhauswände und der westliche Teil des Triumphbogens trotz aller späteren Veränderungen in voller Höhe erhalten geblieben sind. Zum Teil aus Abbruchmaterial des romanischen Chores errichtete man um 1400 in gotischen Formen den heutigen Chor und in der Folgezeit bis 1500 das Langhaus mit dem nördlichen Seitenschiff und der südlichen Kapelle. Nach der Fertigstellung des Westturmes erfolgte die Einwölbung des Langhauses; der auf Wölbung angelegte Chor blieb flachgedeckt. 1786 wurde die Südkapelle um zwei kreuzrippengewölbte Joche erweitert.

Der Stralsunder Holzbildhauer Elias Keßler schuf 1726/27 den barocken Altaraufsatz, der wohl ursprünglich noch mit seitlichen Wangen versehen war. Etwas früher (um 1720) entstanden die zwei Beichtstühle an der Nord- und Südwand des Chores. In den Feldern der unteren Teile blieben gemalte pietistische Erbauungsbilder erhalten. Kanzel, Taufe, Gestühl und Westempore, deren holzfarbiger Anstrich wohl noch durchgängig original ist, wurden 1830 einheitlich erneuert.

Besondere Beachtung verdient die zweigeschossige Orgel. Sie ist neben der nur wenige Jahre zuvor entstandenen in Gingst das älteste erhaltene Werk auf der Insel Rügen. Die Inschrift am Spieltisch gibt Auskunft über den Baumeister und die Entstehungszeit: “Ao 1796 den 2ten Novemb. ist dieses werck vollendet durch den Orgelbauer Christian Kindten aus Stralsund.”

Zur Ausstattung der Kirche gehören noch verschiedene Bildnisse und der Corpus einer Triumphkreuzgruppe des 15. Jahrhunderts.

Auf dem ehemaligen Friedhof an der Kirche haben sich einige Grabmale des 19. Jahrhunderts erhalten, allerdings zum Teil nicht mehr am ursprünglichen Standort.

Samtens

Reste der 1318 erwähnten Kirche blieben nicht erhalten, der heutige Backsteinbau wurde Anfang des 15. Jahrhunderts errichtet. Die Kreuzrippengewölbe entstanden vermutlich etwas später. Das Fachwerktürmchen über dem Westgiebel ersetzte 1703 eine verlorengegangene Turmspitze des 17. Jahrhunderts. Erst 1884 erfolgte der Anbau der westlichen Vorhalle.
An der inneren Ostwand des Chores blieben figürliche Wandmalereien aus der Zeit um 1450 erhalten, die übrige Ausmalung stammt aus dem Barock und wurde 1935 restauriert. Anläßlich der damaligen Kirchenerneuerung wurde auch das Triumphkreuz des 15. Jahrhunderts auf dem Altarblock aufgestellt. Die erhaltenen Figuren des 1770 entstandenen Altaraufbaus sind an der Südwand des Schiffes angebracht, dort befindet sich auch eine Sandsteinkonsole mit einem wappentragenden Engel von 1635.
Bemerkenswert sind die drei aufwendig gestalteten Epitaphien der Familie v.d. Osten aus dem frühen 17. Jahrhundert.
Auf dem Friedhof steht die Familiengruft v.d. Lancken aus der 1. Hälfte des 19. Jahrhunderts.

Saßnitz

Nachdem sich die heutige Stadt, 1906 aus der Zusammenlegung des Fischerdorfes Saßnitz mit dem Bauerndorf Crampas entstanden, seit der Mitte des 19. Jahrhunderts durch die Anlegung des Hafens, die Herstellung des Eisenbahnanschlusses und die Entstehung des um die Jahrhundertwende größten und exklusivsten Badebetriebes der Insel Rügen schnell entwickelte, wurde auch die Errichtung einer Kirche sinnvoll und notwendig.
Zwischen 1880 und 1883 entstand der neugotische Bau mit seinem asymmetrisch vorgesetzten schlanken Turm. Die Ausstattung der Kirche stammt aus der Bauzeit.

Schaprode

Seit Jahrhunderten besitzt Schaprode - heute Fährort nach Hiddensee - einen Hafen. Hier landete 1160 das Heer Waldemars von Dänemark, das acht Jahre später gemeinsam mit den Obotriten und Pommern die Insel Rügen eroberte und ihre Bewohner christianisierte.
Die Kirche - nach den in Bergen und Altenkirchen errichteten Bauten die älteste der Insel - entstand in der ersten Hälfte des 13. Jahrhunderts. Von diesem ersten Bau blieben der Chor mit der Apsis und Teile der Ostwand des ursprünglich dreischiffigen, basilikalen Langhauses erhalten. Nach 1450 trug man die übrigen Teile der romanischen Kirche ab und errichtete unter Verwendung des Abbruchmaterials das heutige kreuzrippengewölbte Schiff, dessen Nordvorhalle und Treppenturm etwas jünger sind. Wohl erst im 16. Jahrhundert entstand die ebenfalls im Norden angebaute Sakristei. 1666/68 erhielt die Kirche das hölzerne Dachtürmchen über dem Westgiebel.
Im Inneren dominieren die barocken Ausstattungsstücke. Von unbekannten Meistern wurde im ersten Drittel des 18. Jahrhunderts der dreigeschossige Altaraufsatz geschaffen. Darstellungen des Hl. Abendmahls, der Kreuzigung und der Auferstehung Christi sind von gewundenen Säulen, reichem Knorpelwerk und plastischen Evangelistenfiguren gerahmt. Eine Knorpelwerkfratze und ein Pelikan bekrönen den Altar. Der Bildschnitzer Hans

Broder und der Maler Franz Rose - beide aus Stralsund - schufen 1722/23 die Kanzel, den Beichtstuhl und vermutlich auch die Taufe, deren Deckel leider nicht erhalten ist. Der sechsseitige Kanzelkorb, der von einem vollplastischen Petrus getragen wird, die Kanzelrückwand und die Aufgangstür sind mit alttestamentlichen Szenen geschmückt. Bemerkenswert sind die beiden Bildnisse der Reformatoren am Kanzelaufgang, die von der Inschrift »Was Luther an das Licht gebracht, Hat Bugenhagen bekandt gemacht« begleitet sind.

Die bereits um 1500 entstandene Triumphkreuzgruppe wurde zu Beginn des 18. Jahrhunderts vom Maler Franz Rose farblich den barocken Ausstattungsstücken angeglichen.

Sehlen

1864/66 wurde der neugotische Kirchenbau mit seinem saalartigen Schiff und einem viergeschossigen Westturm errichtet. Die innere Bretterdecke folgt der Form des Satteldaches.
Die komplette Ausstattung stammt aus der Erbauungszeit der Kirche.

Sellin

Die bereits im 13. Jahrhundert erwähnte Siedlung entwickelte sich Ende des 19. Jahrhunderts zum Badeort und gewann rasch an Bedeutung. 1912 erfolgte die Grundsteinlegung für die ein Jahr später eingeweihte Kirche. Der achteckige, in neobarocken Formen errichtete Zentralbau wurde in seinem Inneren 1960 nach einem Brand neu ausgestattet.

Swantow

Vom ursprünglichen, wohl schon 1168 geweihten Kirchenbau haben sich keine Reste erhalten; der älteste Teil der heutigen Backsteinkirche mit den eingefügten Feldsteinen ist wohl der Chor, dessen Fertigstellung mit der urkundlich für das Jahr 1469 belegten Weihe des Hochaltars im Zusammenhang steht. Im Anschluß daran wurde das kreuzrippengewölbte Langhaus errichtet und nach 1500 der Westturm vorgesetzt. Anläßlich einer 1785 erfolgten Umgestaltung entstanden die Fachwerkobergeschosse des Turmes, die oberen Mauerteile an Chor und Schiff und das Spiegelgewölbe des Chores.Im Inneren der Kirche haben sich an den Chorwänden Reste mittelalterlicher Wandmalereien erhalten. Anläßlich einer letzten Umgestaltung wurde auf dem gemauerten Altarblock anstelle des barocken Aufsatzes eine aus Poseritz stammende Kreuzigungsgruppe der Zeit um 1400 aufgestellt. Die Kanzel entstand 1707. . Eine Freifigur des Petrus mit ionisierendem Kapitell dient als Kanzelträger, auf dem Schalldeckel steht eine Figur des Triumphator. Taufe, Orgel und Gestühl entstanden Ende des 19. Jahrhunderts anläßlich einer umfassenden Instandsetzung der Kirche.

Trent

Von einem 1311 erstmals urkundlich erwähnten Kirchenbau haben sich keine Reste erhalten. Um 1400 entstanden der noch heute existierende kreuzrippengewölbte Chor und nur wenig später ein sich anschließendes Langhaus, von dem nur die Nordwand und die Ecken der Westwand erhalten sind. Das heutige Erscheinungsbild des kreuzrippengewölbten Schiffes ergab sich bei einer baulichen Erneuerung Ende des 15. Jahrhunderts, während der man auch den westlichen Chorbereich veränderte und die südliche Seitenkapelle errichtete. Vermutlich entstand damals bereits der massive Westturm. Zu Beginn des 17. Jahrhunderts erneuerte man seine Obergeschosse, die damals aufgesetzte barocke Haube gehört seitdem zum Erscheinungsbild der stattlichen Backsteinkirche.

Die Ausstattung der dreischiffigen Halle stammt aus verschiedenen Stilepochen, allerdings dominieren die barocken Stücke. Im Jahre 1752 schuf Michel Müller aus Stralsund den hölzernen Altaraufsatz: Neben einem Kruzifix stehen Mose und Aaron als freiplastische Figuren. Über dem reichen architektonischen Aufbau des Altars gruppieren sich die vier Tugenden, den oberen Abschluß bildet eine von Engeln getragene Weltkugel, auf der die Dreieinigkeit thront. Gleichzeitig mit dem Altar entstand die aus zehn Brüstungsfeldern bestehend Schranke. Unmittelbar neben dem Altar steht ein 1754 ebenfalls von Michel Müller geschaffener Beichtstuhl. Vermutlich stammt auch der ein Jahr zuvor entstandene geschnitzte Taufständer aus dieser Werkstatt.

Bereits seit dem Anfang des 17. Jahrhunderts gehört die Kanzel zur Ausstattung der Kirche. Ihre klaren Renaissanceformen werden von bildlichen Darstellungen ergänzt.

Vilmnitz

Vilmnitz war seit dem 12. Jahrhundert Sitz einer Seitenlinie der Fürsten von Rügen. Mitte des 13. Jahrhunderts verband sich diese durch Heirat mit dem rügenschen Adelsgeschlecht auf Putbus und gewann im 14. Jahrhundert als "Haus Putbus" die führende Stellung innerhalb der rügenschen Ritterschaft. Die Vilmnitzer Kirche scheint als Hof- und Begräbniskirche für dieses Geschlecht errichtet worden zu sein. Ihre Baugeschichte ist klar ablesbar: Mitte des 13. Jahrhunderts wurde der Chor, kurz darauf die sich nördlich anschließende Sakristei errichtet. Das spätestens in der Mitte des 14. Jahrhunderts vollendete Kirchenschiff wurde im 15. Jahrhundert abgebrochen und durch das noch bestehende ersetzt. Etwa zeitgleich wurde der westlich vorgelagerte Turm vollendet. Abgesehen vom Anbau der schlichten barocken Südvorhalle und des Erkers an der Ostwand der Sakristei blieb das mittelalterliche Erscheinungsbild des Backsteinbaus mit dem Feldsteinsockel unverändert erhalten.

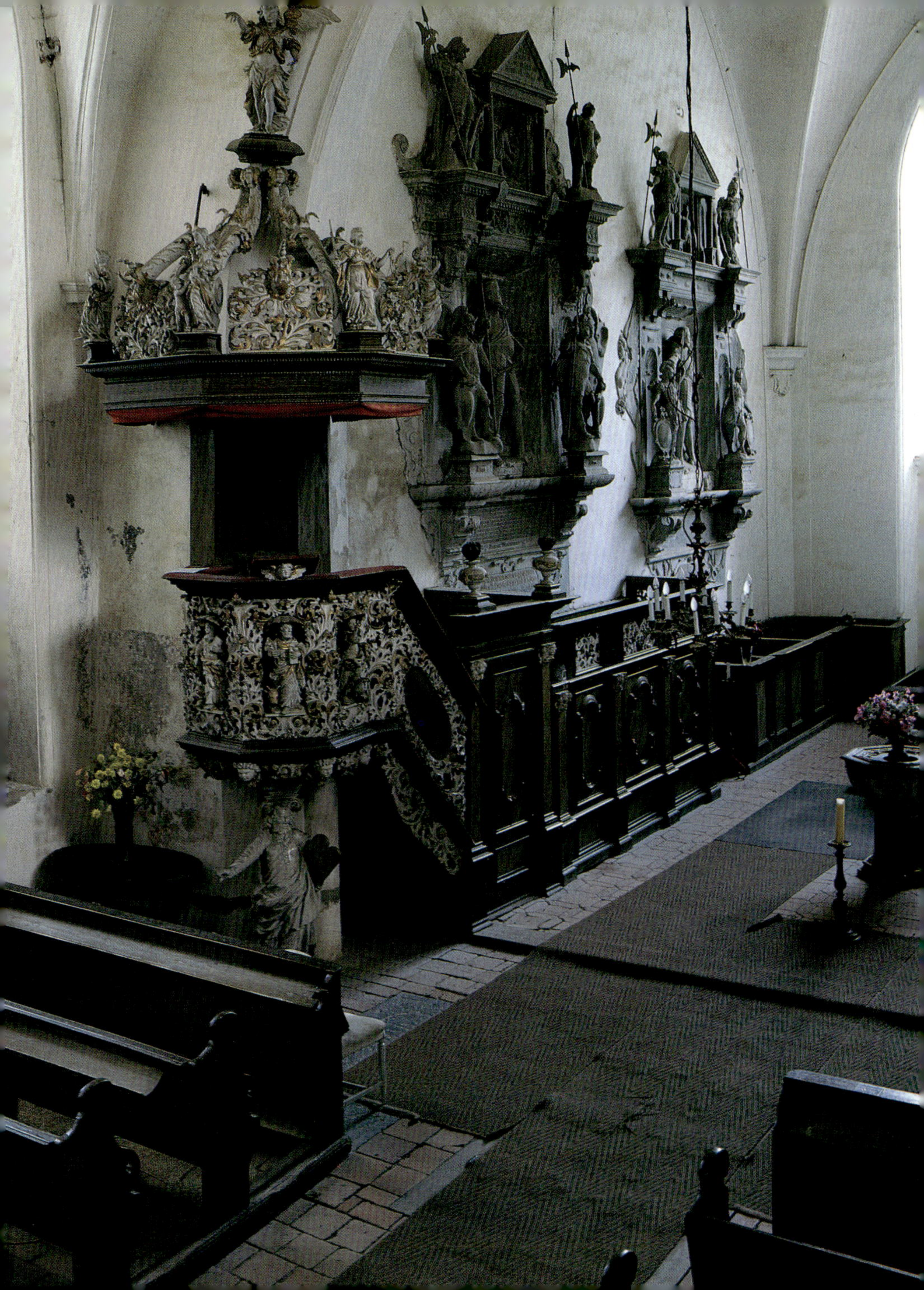

Im kreuzrippengewölbten Langhaus und dem um einige Stufen erhöhten Chor stammen alle Ausstattungsstücke mit Ausnahme des gemauerten Altarblocks aus der Zeit nach der Reformation. Um 1600 ließen die Herren zu Putbus den Chor zu einer Memorialkirche umgestalten. Sie setzten Epitaphien für ihre Eltern: Ludwig zu Putbus und Anna Maria, Gräfin zu Hohenstein. Gleichzeitig ließ Erdmann zu Putbus für sich und seine Gemahlin Sabine Hedwig ähnlich gestaltete Epitaphien errichten. Diese von Klaus Midow und seiner Werkstatt geschaffenen Stücke stellen vollendete Leistungen der Spätrenaissance dar. Sie sind aus Sandstein gefertigt und waren ursprünglich bemalt.
Midow ist vermutlich auch der Meister des zeitgleich errichteten Altaraufsatzes, der mit seinem reichen architektonischen Aufbau und den bewegten freiplastischen Figuren der Gestaltung der Epitaphien entspricht.
In der unter dem Chorraum befindlichen Familiengruft stehen 27 zum Teil reich verzierte Särge aus den Jahren 1637 bis 1856. Die hinter dem Altar aufgestellte Grabplatte des Jürgen zu Putbus diente ursprünglich als Abdeckplatte für den Eingang zur Gruft.
An der nördlichen Seite des Triumphbogens steht die 1708/09 von Hans Broder-Stralsund geschaffene Kanzel mit dem östlich unmittelbar anschließenden Beichtstuhl. Im 19. Jahrhundert wurden das Gestühl, der Taufständer sowie die Westempore mit der Orgel in die Ausstattung eingefügt.

Vitt

Der kleinen 1806 errichteten Kapelle, einem achtseitigen, verputzten Feldsteinbau, kommt weniger eine bau- als eine kirchengeschichtliche Bedeutung zu. Ihr heutiger Standort war seit dem Ende des 18. Jahrhunderts Ort der berühmten Uferpredigten des damaligen Altenkirchener Pastors und Dichters Gotthard Ludwig (Theobul) Kosegarten. Ab 1802 erwog man die Errichtung einer Kapelle, für die der schwedische König die Bauerlaubnis auf seinem Grund gab und für die zum Teil von weither Geldspenden kamen. Für die Bedeutung, die der geplanten Kapelle und den Ufergottesdiensten zukam, mag die Tatsache sprechen, daß auch Caspar David Friedrich einen allerdings nicht zur Ausführung gekommenen Entwurf dafür lieferte.

Seit 1990 befindet sich ein Wandbild mit der Darstellung des Hl. Christopherus von Gabriele Mucchi in der Kapelle.

Waase

Der kleine Ort auf der Rügen westlich vorgelagerten Insel Ummanz gehörte seit der Mitte des 14. Jahrhunderts der Kirche des Heiliggeist-Klosters zu Stralsund; bereits vor 1322 ist aber schon das Vorhandensein einer Kirche belegt. Von diesem Bau haben sich allerdings keine Reste erhalten. Der kreuzrippengewölbte Chor und die Schiffsostwand der heutige Kirche entstanden bald nach der Mitte des 15. Jahrhunderts, die Sakristei nur wenig später und als letzter Backsteinmauerteil die Schiffswestwand um 1500. Ob das frühestens im 16., vermutlich aber erst im 17. Jahrhundert eingefügte Fachwerklanghaus bereits ursprünglich in dieser Bauart geplant war, ist ungeklärt. Der südliche Choranbau und der Dachreiter über dem Westgiebel vollendeten im 18. Jahrhundert den Bau.

Im Inneren der Kirche haben sich verschiedene bemerkenswerte Ausstattungen erhalten. An den Wänden von Chor und Triumphbogen wurden 1934 ornamentale und figürliche Malereien der Zeit um 1470 freigelegt und die barocke Bemalung der Bretterdecke im Schiff nach Befunden erneuert. Aus der Zeit der Malereien im Chor stammt auch der gemauerte Sakramentsschrein vor der Ostwand. Um 1500 entstand das Triumphkruzifix und um

1520 das reich geschnitzte und mit bemalten Klappflügeln versehene Altarretabel aus einer Antwerpener Werkstatt. Das Stück, das die Passionsgeschichte darstellt und in begleitenden Szenen dem Heiligen Thomas Beckett gewidmet ist, war wohl ursprünglich für eine englische Kirche gedacht, konnte dort aber nach der "Verurteilung" des Thomas Beckett nicht mehr aufgestellt werden und gelangte nach Stralsund, wo es zunächst in der Nikolaikirche und dann in der Heilgeistkirche Aufstellung fand. Von dort wurde es 1708 nach Waase gebracht. Unübersehbar taucht an verschiedenen Stellen der überdurchschnittlich qualitätvollen Schnitzereien das Beschauzeichen der Stadt Antwerpen - die ausgestreckte Hand - auf.

Das Fehlen des Schalldeckels und die Verkürzung des Kanzelfußes deuten darauf hin, daß auch die 1572 entstandene Kanzel aus einer anderen Kirche hierher verbracht wurde. Es handelt sich bei ihr ebenfalls um eine sehr qualitätvolle Arbeit; ihre Renaissanceformen werden durch plastische Elemente sowie durch Intarsienarbeiten und Malereien ausgebildet.

Weitere bedeutende Ausstattungen sind die drei Kronleuchter, von denen der spätgotische mit der in einem Tabernakel stehenden Freifigur der Madonna aus der "Neuen Ratsstube" in Stralsund stammt und mit dem Altar nach Waase kam. Die beiden anderen Leuchter entstanden im 17. Jahrhundert. In der Rautenverglasung der Schiffsfenster sind siebzehn ovale Wappenscheiben Stralsunder Ratsherren aus dem Jahr 1697 eingefügt.

Ein 1927 errichteter Glockenstuhl steht vor der Nordwestecke der Kirche, die zugehörige Glocke wurde 1605 in Stralsund gegossen.

Wiek

1165 erstmals urkundlich erwähnt, war der Ort in slawischer Zeit Standort eines Burgwalls und vermutlich Handelsmittelpunkt. Eine Kirche ist seit 1318 belegt. Der heutige Backsteinbau entstand in mehreren Abschnitten seit der Zeit um 1400. Chor und Sakristei waren ein erster Bauabschnitt, das kreuzgratgewölbte Langhaus wurde wenig später angefügt. An die aus dem 15. Jahrhundert stammende Vorhalle vor der Priesterpforte baute man 1787 östlich eine Gruft an, die in diesem Jahrhundert zu einer Leichenhalle umgewandelt wurde. Anstelle eines zuvor zerstörten Dachturmes entstand um 1600 der freistehende Glockenstuhl.

Eine Kalksteinfünte aus der Mitte des 13. Jahrhunderts ist das älteste Ausstattungsstück, nur wenig jünger - etwa um 1300 entstanden - das Kruzifix, das wohl im 19. Jahrhundert mit einer Marienfigur der Zeit um 1500 und einem etwas älterem Johannes zu einer Triumphkreuzgruppe zusammengestellt wurde. Figuren der Maria und des Johannes einer weiteren Kreuzigungsgruppe entstanden um 1500. An einer vollplastischen Holzfigur des Ritter Georg zu Pferde, einem ebenfalls spätmittelalterlichen Werk, hat sich zum größten Teil die ursprüngliche Farbfassung auf einem Kreidegrund über Leinwand erhalten.

Der barocke Altaraufsatz wurde 1747/48 von Michel Müller aus Stralsund geschaffen, aus dieser Zeit stammen auch der hölzerne Taufständer und einer der beiden Beichtstühle. Kanzel, Gestühl und Emporen sind ebenso wie die Orgel Zutaten des 19. Jahrhunderts.

Zirkow

Von der ersten, bereits 1313 erwähnten Kirche haben sich keine Reste erhalten; der heutige Backsteinbau enstand im 15. Jahrhundert. Der gewölbte Chor war zuerst fertiggestellt, das ebenfalls gewölbte Schiff und der Westturm wurden unwesentlich später angefügt.
Im Inneren der Kirche wurden 1948 bei einer Ausmalung beträchtliche Reste mittelalterlicher Gewölbemalereien freigelegt und ergänzt; interessant sind die in den Zwickeln eingefügten grotesken Masken um die Entlüftungslöcher. Wichtigstes Ausstattungsstück ist der in der ersten Hälfte des 18. Jahrhunderts entstandene Kanzelaltar. Zeitgleich entstand der schwebende Taufengel und nur wenig jünger sind die beiden Beichtstühle. Aus der Zeit um 1630 stammt der aus Messing gearbeitete Kronleuchter.
Die heutige Orgel mit ihrem neugotischen Prospekt entstand im 19. Jahrhundert, von einem Vorgängerinstrument blieben Fragmente des Prospektes erhalten. Von ihnen wird angenommen, daß sie aus dem frühen 18. Jahrhundert stammen, aber als Schutzflügel einer gotischen Orgel dienten. Auf den zwei leinwandbespannten Rahmen sind die Darstellungen zweier Könige -vermutlich David und Salomon- erkennbar.
Auf dem nicht mehr genutzten Friedhof stehen etwa sechzig Grabstelen des 18. und 19. Jahrhunderts.

Zudar

Die Backsteinkirche, deren untere Bereiche unter Verwendung wenig behauener Feldsteine ausgeführt wurden, entstand ab der Mitte des 13. Jahrhunderts, in einem ersten Bauabschnitt das Langhaus; der polygonal geschlossene Chor und die Sakristei sind anschließend angefügt worden. Wohl erst um 1400 erfolgte die Einwölbung. Im 17. Jahrhundert entstand der Westturm.

Der Altaraufsatz, 1707 von Hans Broder aus Stralsund geschaffen, setzt sich aus verschiedenen architekturgerahmten Gemälden zusammen, das Hauptbild ist 1726 datiert. Die Brüstungsfelder der zeitgleichen Altarschranke sind mit emblematischen Darstellungen versehen, ebenso die Brüstungsfelder des Beichtstuhls. Bereits spätbarocke Formen zeichnen die 1765 entstandene Kanzel aus.

Auf dem Friedhof ist der postamentartige Grabstein des Gottlieb von Kahlden aus dem Jahre 1786 besonders erwähnenswert.

Literatur

Buske, Norbert / Gerd Baier, Dorfkirchen in der Landeskirche Greifswald, Berlin 1984

Buske, Norbert, Kirchen auf Mönchgut, Berlin 1987

Buske, Norbert, Die Kirche in Altenkirchen und die Kapelle in Vitt, Berlin 1988

Buske, Norbert, Rügen im Spannungsfeld dänischer, slawischer und deutscher Interessen. In: Bistum Roskilde und Rügen, hrsg. von Bertil Wiberg, Roskilde 1987

Dehio,Georg, Handbuch der deutschen Kunstdenkmäler, Die Bezirke Neubrandenburg, Rostock, Schwerin, Berlin 1980 (2. überarb. Auflage)

Ewe, Herbert, Rügen, Rostock 1985

Gloede, Günter, Kirchen im Küstenwind, Band III: Kirchen auf Rügen und Hiddensee, Berlin 1982

Kramm, H. J., Rügen - Ökonomisch-geographische Exkursionen, Berlin 1966

Ohle, Walter und Gerd Baier, Die Kunstdenkmale des Kreises Rügen, Leipzig 1963

Zu den Autoren

Sabine Bock, geboren 1954 in Ilmenau, Studium der Architektur in Weimar mit anschließender Promotion. Seit 1981 in der praktischen Denkmalpflege tätig: Bis 1987 am Institut für Denkmalpflege in Schwerin, seitdem am Bayerischen Landesamt für Denkmalpflege München und Bamberg.

Norbert Buske, geboren 1936 in Demmin, Studium der Theologie und Kunstgeschichte in Berlin. 1970 Promotion zum Dr. theol. an der Universität Greifswald. Seit 1962 Pfarrer in Levenhagen bei Greifswald. Lehrbeauftragter für Territorialkirchengeschichte an der Ernst-Moritz-Arndt Universität Greifswald seit 1982. Mitglied des Landtages Mecklenburg-Vorpommerns seit Oktober 1991. Zahlreiche Veröffentlichungen zur Kunst-, Kirchen- und Kulturgeschichte Pommerns.

Thomas Helms, geboren 1949 in Schwerin, Fotograf, Meister seit 1974. Zwischen 1977 und 1988 am Institut für Denkmalpflege in Schwerin, seit 1988 in Hamburg tätig. Zahlreiche Veröffentlichungen mit Fotografien zur Kunst und Architektur Nordddeutschlands.